海上絲綢之路基本文獻叢書

征安南敕征安南事跡

〔明〕佚名 著

文物出版社

圖書在版編目（CIP）數據

征安南敕征安南事跡 /（明）佚名著. -- 北京 : 文物出版社，2022.6
（海上絲綢之路基本文獻叢書）
ISBN 978-7-5010-7545-4

Ⅰ. ①徵… Ⅱ. ①佚… Ⅲ. ①戰爭史－史料－中國－明代 Ⅳ. ①E294.8

中國版本圖書館 CIP 數據核字（2022）第 065615 號

海上絲綢之路基本文獻叢書
征安南敕征安南事跡

著　　者：〔明〕佚名
策　　划：盛世博閱（北京）文化有限責任公司

封面設計：鞏榮彪
責任編輯：劉永海
責任印製：張　麗

出版發行：文物出版社
社　　址：北京市東城區東直門内北小街 2 號樓
郵　　編：100007
網　　址：http://www.wenwu.com
郵　　箱：web@wenwu.com
經　　銷：新華書店
印　　刷：北京旺都印務有限公司
開　　本：787mm×1092mm　1/16
印　　張：12.25
版　　次：2022 年 6 月第 1 版
印　　次：2022 年 6 月第 1 次印刷
書　　號：ISBN 978-7-5010-7545-4
定　　價：90.00 圓

總緒

海上絲綢之路，一般意義上是指從秦漢至鴉片戰争前中國與世界進行政治、經濟、文化交流的海上通道，主要分爲經由黄海、東海的海路最終抵達日本列島及朝鮮半島的東海航綫和以徐聞、合浦、廣州、泉州爲起點通往東南亞及印度洋地區的南海航綫。

在中國古代文獻中，最早、最詳細記載『海上絲綢之路』航綫的是東漢班固的《漢書·地理志》，詳細記載了西漢黄門譯長率領應募者入海『齎黄金雜繒而往』之事，書中所出現的地理記載與東南亞地區相關，并與實際的地理狀况基本相符。

東漢後，中國進入魏晋南北朝長達三百多年的分裂割據時期，絲路上的交往也走向低谷。這一時期的絲路交往，以法顯的西行最爲著名。法顯作爲從陸路西行到印度，再由海路回國的第一人，根據親身經歷所寫的《佛國記》（又稱《法顯傳》）一書，詳細介紹了古代中亞和印度、巴基斯坦、斯里蘭卡等地的歷史及風土人情，是瞭解和研究海陸絲綢之路的珍貴歷史資料。

隨着隋唐的統一，中國經濟重心的南移，中國與西方交通以海路爲主，海上絲綢之路進入大發展時期。廣州成爲唐朝最大的海外貿易中心，朝廷設立市舶司，專門管理海外貿易。唐代著名的地理學家賈耽（七三〇～八〇五年）的《皇華四達記》記載了從廣州通往阿拉伯地區的海上交通『廣州通夷道』，詳述了從廣州港出發，經越南、馬來半島、蘇門答臘半島至印度、錫蘭，直至波斯灣沿岸各國的航綫及沿途地區的方位、名稱、島礁、山川、民俗等。譯經大師義净西行求法，將沿途見聞寫成著作《大唐西域求法高僧傳》，詳細記載了海上絲綢之路的發展變化，是我們瞭解絲綢之路不可多得的第一手資料。

宋代的造船技術和航海技術顯著提高，指南針廣泛應用於航海，中國商船的遠航能力大大提升。北宋徐兢的《宣和奉使高麗圖經》詳細記述了船舶製造、海洋地理和往來航綫，是研究宋代海外交通史、中朝友好關係史、中朝經濟文化交流史的重要文獻。南宋趙汝適《諸蕃志》記載，南海有五十三個國家和地區與南宋通商貿易，形成了通往日本、高麗、東南亞、印度、波斯、阿拉伯等地的『海上絲綢之路』。宋代爲了加强商貿往來，於北宋神宗元豐三年（一〇八〇年）頒佈了中國歷史上第一部海洋貿易管理條例《廣州市舶條法》，并稱爲宋代貿易管理的制度範本。

元朝在經濟上採用重商主義政策，鼓勵海外貿易，中國與歐洲的聯繫與交往非常頻繁，其中馬可·波羅、伊本·白圖泰等歐洲旅行家來到中國，留下了大量的旅行記，記録元代海上絲綢之路的盛况。元代的汪大淵兩次出海，撰寫出《島夷志略》一書，記録了二百多個國名和地名，其中不少首次見於中國著録，涉及的地理範圍東至菲律賓群島，西至非洲。這些都反映了元朝時中西經濟文化交流的豐富内容。

明、清政府先後多次實施海禁政策，海上絲綢之路的貿易逐漸衰落。但是從明永樂三年至明宣德八年的二十八年裏，鄭和率船隊七下西洋，先後到達的國家多達三十多個，在進行經貿交流的同時，也極大地促進了中外文化的交流，這些都詳見於《西洋蕃國志》《星槎勝覽》《瀛涯勝覽》等典籍中。

關於海上絲綢之路的文獻記述，除上述官員、學者、求法或傳教高僧以及旅行者的著作外，自《漢書》之後，歷代正史大都列有《地理志》《四夷傳》《西域傳》《外國傳》《蠻夷傳》《屬國傳》等篇章，加上唐宋以來衆多的典制類文獻、地方史志文獻，集中反映了歷代王朝對於周邊部族、政權以及西方世界的認識，都是關於海上絲綢之路的原始史料性文獻。

海上絲綢之路概念的形成，經歷了一個演變的過程。十九世紀七十年代德國地理學家費迪南・馮・李希霍芬（Ferdinad Von Richthofen，一八三三～一九〇五），在其《中國：親身旅行和研究成果》第三卷中首次把輸出中國絲綢的東西陸路稱爲『絲綢之路』。有『歐洲漢學泰斗』之稱的法國漢學家沙畹（Édouard Chavannes，一八六五～一九一八），在其一九〇三年著作的《西突厥史料》中提出『絲路有海陸兩道』，蘊涵了海上絲綢之路最初提法。迄今發現最早正式提出『海上絲綢之路』一詞的是日本考古學家三杉隆敏，他在一九六七年出版《中國瓷器之旅：探索海上的絲綢之路》中首次使用『海上絲綢之路』一詞；一九七九年三杉隆敏又出版了《海上絲綢之路》一書，其立意和出發點局限在東西方之間的陶瓷貿易與交流史。

二十世紀八十年代以來，在海外交通史研究中，『海上絲綢之路』一詞逐漸成爲中外學術界廣泛接受的概念。根據姚楠等人研究，饒宗頤先生是華人中最早提出『海上絲綢之路』的人，他的《海道之絲路與昆侖舶》正式提出『海上絲路』的稱謂。選堂先生評價海上絲綢之路是外交、貿易和文化交流作用的通道。此後，大陸學者馮蔚然在一九七八年編寫的《航運史話》中，使用『海上絲綢之路』一詞，這是迄今學界查到的中國大陸最早使用『海上絲綢之路』的人，更多地限於航海活動領域的考察。一九八〇年北京大學陳炎教授提出『海上絲綢之路』研究，并於一九八一年發表《略論海上絲綢之路》一文。他對海上絲綢之路的理解超越以往，且帶有濃厚的愛國主義思想。陳炎教授之後，從事研究海上絲綢之路的學者越來越多，尤其沿海港口城市向聯合國申請海上絲綢之路非物質文化遺産活動，將海上絲綢之路研究推向新高潮。另外，國家把建設『絲綢之路經濟帶』和『二十一世紀海上絲綢之路』作爲對外發展方針，將這一學術課題提升爲國家願景的高度，使海上絲綢之路形成超越學術進入政經層面的熱潮。

與海上絲綢之路學的萬千氣象相對應，海上絲綢之路文獻的整理工作仍顯滯後，遠遠跟不上突飛猛進的研究進展。二〇一八年厦門大學、中山大學等單位聯合發起『海上絲綢之路文獻集成』專案，尚在醞釀當中。我們不揣淺陋，深入調查，廣泛搜集，將有關海上絲綢之路的原始史料文獻和研究文獻，分爲風俗物産、雜史筆記、海防海事、典章檔案等六個類别，彙編成《海上絲綢之路歷史文化叢書》，於二〇二〇年影印出版。此輯面市以來，深受各大圖書館及相關研究者好評。爲讓更多的讀者親近古籍文獻，我們遴選出前編中的菁華，彙編成《海上絲綢之路基本文獻叢書》，以單行本影印出版，以饗讀者，以期爲讀者展現出一幅幅中外經濟文化交流的精美畫卷，爲海上絲綢之路的研究提供歷史借鑒，爲『二十一世紀海上絲綢之路』倡議構想的實踐做好歷史的詮釋和注脚，從而達到『以史爲鑒』『古爲今用』的目的。

凡例

一、本編注重史料的珍稀性，從《海上絲綢之路歷史文化叢書》中遴選出菁華，擬出版百册單行本。

二、本編所選之文獻，其編纂的年代下限至一九四九年。

三、本編排序無嚴格定式，所選之文獻篇幅以二百餘頁爲宜，以便讀者閱讀使用。

四、本編所選文獻，每種前皆注明版本、著者。

五、本編文獻皆爲影印，原始文本掃描之後經過修復處理，仍存原式，少數文獻由於原始底本欠佳，略有模糊之處，不影響閱讀使用。

六、本編原始底本非一時一地之出版物，原書裝幀、開本多有不同，本書彙編之後，統一爲十六開右翻本。

目録

征安南敕征安南事跡

征安南敕征安南事跡

〔明〕佚名 著

清抄本

勑諭說與總兵官征夷將軍成國公朱能[illegible]
遇見安南逃來人及朝廷提取到安南使臣就
便帶去或為嚮道或審問敵息虜為便益勑

永樂四年七月十五日

勑
總兵官征夷將軍成國公朱能等可於軍令增
入一條凡有妖言譸說朝廷及軍中等務者許
諸人綁縛前來首告依律治罪此令蓋因近日
齊黃餘黨造言誹謗恐傳播到彼惑亂軍心使
其不能用命最禁治故勑發去卿于七副可點

對收之

永樂四年七月二十一日

勑

總兵官征夷将軍成國公朱能等朕料黎賊父子聞大軍将至率其逆黨徑往占城奪其土地以為巢穴此雖未必然亦不可不防師入安南之境須禁伐人墳墓園林焚人廬舍虜人妻女且宜撫綏其民其國中老者待之以禮如此則人心自安樂其生業黎賊父子之頭不日可懸扵麾下傳扵京師兵法不曰百戰百勝非善之

善者也不戰而屈人之兵善之善者也此舉蓋
不戰而屈人之兵者矣師行之際凡一應大小
事務須要處置謹慎周密勿致疎虞已遣人齎
勑諭占城國王令水陸防備就録勑藁一本來
與爾觀庶知此意故勑續一件軍入賊境及臨
戰之際務在十分謹慎切不可輕看賊兵越容
易越以為難事平後更須用心無怠無忽

永樂四年七月二十九日

勑總兵官征夷將軍成國公朱能等已勑吏部取

福建參政王平及北京取為事官張顯宗劉本
劉昱周觀政俱來爾處各官到時可令王平張
顯宗總率一應文職為事官吏辦事其武職為
事官員俱令復職隨征及原發去祿州等處充
吏及伴當文武官吏軍人就便起取帶去文職官
吏亦發與王平管領武職官亦令復職從征軍
人入伍故勑

永樂四年閏七月初一日

勑諭占城國王占巴的賴往者爾為安南賊入黎

季犛父子暴虐兇狂屢肆兵禍侵據爾土地殺
擄爾人民毒害欺陵不一而足陳詞哀訴朕甚
憫之已特降勑戒諭俾悉還所侵之地黎賊畧
不省答詭詞飾過固執不還近者前安南國王
陳氏之孫被其戕害逃入京師黎賊上表請迎
歸國朝廷不逆其詐即遣使護送出境黎賊預
於境上設伏藏衆阻遏使者竟執前王之孫而
殺之惟黎賊父子兇悖恣肆下則毒痛國人外
則虐害隣國上則誑侮朝廷

天地不容神人共怒自取滅亡已於七月十六日
命征夷將軍成國公朱能等率兵八十萬前往
安南誅滅賊人黎季犛父子以撫綏安南官吏
軍民復立陳氏之後惟爾占城與之接境被其
禍害亦既有年斬刈克殘所宜奮力可預發兵
於水路要衝接界境上嚴行哨捕就為防遏遇
有安南賊人逃來即便擒戮果係賊人黎季犛
父子及教誘黨惡之人則牢固械繫送詣京師
仍下令國中安南逃来之人毋得容匿今特遣

内官楊進保禮部侍郎李琦鴻臚寺丞吕淵等
齎勅諭意王宜敬遵朕命勉盡乃心以共滅兇
殘暴惡黎季犛父子以永安良善以雪爾國中
数年之憤故諭

勅總兵征夷将軍成國公朱能等所有軍中事宜
令逐一開示爾等皆宜用心不可怠忽故勅
計事十件
一精徤赴敵之兵必須滿足師行所命大
数不可以少一人其運粮守營編橋造

船採伐竹木諸雜差使及其餘事故皆
在此数之外昔秦伐楚王翦以為非六
十萬人不可李信止用二十萬人竟為
楚所敗後秦復從翦言用六十萬人乃
遂滅楚令黎賊氣力雖不敢擬楚然以
朕料之必得臨行所命大数乃可成功
朕所見固若此尔等尤宜臨事熟計之
一兵入安南凡其府庫倉廩所儲及户田
口賦甲兵籍册郡邑圖誌並令尚書劉

攜掌之尒總其大槩

一兵入除釋道經板經文不燬外一切書板文字以至俚俗蒙童所習如上大人丘乙已類片紙隻字悉皆燬之其境內凡有古昔中國所立碑刻則存之但是安南所立者悉壞之一字勿存

一訪問古時銅柱所在亦便碎之委之於道以示國人

一國中徧行訪問有精細通達長於謀略

及奸詐詭譎之徒悉以懷才抱道名色
盡数舉保送來
一國中諸色匠人及樂工連家屬盡数起
送赴京
一軍中凡有誹謗妖言惑衆亂軍心者不
計名数悉斬之以警其餘
一平定之後令各府州縣原任官吏輪次
赴京朝見
一聞黎賊多備火器以拒敵我師夫軍旅

之行凡遇山林險阻尚且避之不使疲勞軍力況聞賊有所備而不思所以防之乎故勑工部計較造成挨牌以當火器初編竹一層箭直透過入地翎花俱沒再用竹二層蹉縫編之以牛皮八道纏裹試之三十步箭透三寸五分二十五步箭透四寸十五步箭透五寸甚是堅固以是擁蔽火器不能為患軍士自然輕敵今就發去一面為式高五尺二

寸六分上闊一尺八寸下闊一尺三寸
六分
一令遣朱勸張瑛賫禮部咨文往安南索
其金象此計葢欲弛其鬬志非真實意
也朱勸等臨行朕曾面諭之令到彼只
住五日若五日内措辦不足許隨多少
先將來納後却差人納足尓待朱勸等
入去大軍随後亦進若遇差出納金象
之人就執之詰問敎息須勿令彼知差

來被執今朱勸等到尒處事機切不可令人知之恐將士聞此其心懈怠并録咨文示爾須要謹密古人云事機不密則害成尒等切宜慎之

永樂四年閏七月初四日

禮部為征討安南事永樂四年七月二十九日本部右侍郎趙羾於

奉天門欽奉

聖旨前者已調大軍往征安南以弔民伐罪今廣

西秦來安南遣人來貢謝罪原胡查父子罪本難容今既改過自新只着他辦黄金五萬兩象壹百隻以贖其罪金象不足許以珠玉寶貝代之以足其數即止大軍不進若貢不如數勅大軍即進以行天誅那時雖悔無及恁禮部便行文書差人去説與他知道欽此除欽遵外合行移咨差行人朱勸張瑛賫捧前去本國欽遵施行

計事一件

一臨敵之際不可以為容易越容易越要
謹慎務在號令嚴明隊伍整肅賈勇將
士奮力向前如此則必可成功若或以
為容易倘有疎虞悔之何及我之言語
都是實實落落行得有受用的尔等拾
分要子細謹慎勑

續一件

一所用神機銃一應火器最宜密之不可
泄與外人知此法回軍之日尤宜謹密

收拾

永樂四年閏七月初捌日

勅總兵官征夷將軍成國公朱能等平定安南之
後自雞翎關至其國中沿途必須設立衛所築
城以鎮守之務要鋒〔烽〕火相望聲勢相接遇有警
急可以應接其其處可以立衛其處可以立所
其衛其所合畱軍士多少合存糧多少何人可
守其衛其所尔等皆宜預為計議密奏以聞故
勅

永樂四年閏柒月初捌日

勑總兵官征夷將軍成國公朱能等昔雲南僻在
萬里山川險固歷代罕有能平惟諸葛孔明以
天下奇才忠信智謀南征北伐功蓋一時遂芟
夷之循至後世叛服不常莫能制馭我
皇考太祖皇帝聖文神武超軼帝王弘謨睿算卓
冠萬世指授賢能之將一鼓而平之創立自古
所無之功與天地共為悠久者也今安南雖在
海陬自昔為中國郡縣五季以來力不能制歷

宋及元雖欲圖之而功無所成貽笑後世今黎
賊逆命朕命尒等率師往問其罪欲尒等勉成
大功然師行之際屢見嘉兆朕嘗夢親率尒等
致討黎賊父子銜璧輿櫬獻地受罪既而朕復
指畫尒等撫其人民修其城郭老幼皆俯伏馬
前懽喜拜舞茲兆甚吉用報爾等知之然詢察
賊兵必來迎敵觀其如此必有所備未可易視
之尒等宜夙夜盡心謀慮不可忽畧今將切要
事宜條示尒等凡此數者務在詳審此賊狡譎

不可恃我師精強謂可易致宜無所不謹慮可成功爾等宜盡厥心以副朕委託之意故勅

計事八件

一不可聽偏執之言狐疑不決以誤大事

一古人用兵隨機應變有如轉圜若周瑜自擬得兵三萬足以破曹蓋其計已定後因黃蓋言舳艫首尾相接縱火焚之之策適天與順風竟焚破之遂成大功假使黃蓋之言難用周瑜必用其素定

之計矣尔當以此為法不可固執已見
須采衆謀所長斷而用之庶幾無失
一若未知彼之虛實勢之可否切不可輕
視故曰較之以計而索其情此之謂也
一宜精詳審察賊之勢情可以即戰則乘
機以成大功不可猶豫故兵聞拙速未
睹巧之遲也
一不可輕信間諜之言以為賊人易致卷
甲倍道趨利墮其奸計故善戰者致人

而下致於人

一軍力常使有餘毋令困之

一下可因勝之後即便驕懈恐為賊所乘雖獲大捷猶如未勝常持戒警愈加防備故曰戰勝如始克

一臨陣之時彼拒敵之賊飭將士盡殺乃已降者慎毋坑殺之慎毋坑殺之

一宋元皆發兵征討安南將驕兵懦貪財好色以此不能成功南自我朝以來陳

氏歸心朝廷數十年不曾用兵其國中富庶今興師征討黎賊務要盡滅之不許將士貪財好色躭酒誤事

一所畫來安南地圖其西抵哀牢國考之地志哀牢國即今雲南永昌府觀於其西已是我腹裡地面被用詭譎故寫古圖名以眩我也尔等慎之

一大軍至富良江賊必阻水以拒我師今深入賊地我為客而彼為主難與久持

久則恐有詐謀必謹而察之多方設計以渡務在使其不能禦備渡江之時尤恐賊亦用計擊我兵法所謂令半渡而擊之利如韓信敗龍且唐太宗破劉黑闥是也若我軍未渡而賊乃先渡以擊我切宜詳察事機持重以待若輕為進退恐為進退恐為賊所乘如謝玄之破符堅是也此二者觀之古人可以為戒亦可以乘機夫兵法不可執一預期務

在臨時審察賊之情　計通變而用之切
宜謹慎謹慎
一平定安南之後但有各色官吏僧道醫
巫卜筮陰陽術数之人盡数遣發來朝
此最緊要
一諸色技藝人匠盡数搜索連家小盡数
起赴來京
一賊必盡空富良江北之地據江南岸以
拒我師我師至嘉林若欲渡江必要具

舟筏然後可濟如此豈不曠日勞師乎
計今莫若迭出游騎於嘉林與賊相對
處往来始焉用百騎逐日旋增至五百
騎或千騎而止夜舉火燒烟放砲眩惑
賊目以乖之所遣游擊之將務擇嚴密
之人其機只可令將知之軍士切勿令
知此機但令其知大軍皆来聚衆會嘉
林以聾瞽其耳目大軍却於未至嘉林
二三日程潛行取道趨富良江上流殘

處與西平侯會合渡江如此雖費數日
之程然免軍士伐木之勞亦免相持稽
緩之久如或西平侯先得上流淺處賊
多且勿渡賊少或無賊即乘其虛弱先
渡以據守渡口賊来勿與之戰尒軍速
繼渡合勢以殲賊衆又在觀其地勢及
賊情奸計虛實臨機應變隨時處置務
在成功我之遥度止於如此尒宜用心
尒宜用心故善戰者因敵而致勝

一安南官吏察其有可付託留在彼鎮守先發四五十人來朝與官職賞賜即令其回然後將其餘應起來之人盡數發來朝見

一大軍深入賊地勢不可分故曰深則專

一今將枚秀夫等所供情詞發來你觀然各人所言不一難以憑信自宜斟酌

一西平侯從水尾來賊必嚴備西路你游騎在嘉林以眩之賊必慎防嘉林你軍

從上流有空隙賊不隄防之處有淺可
渡即便渡師不必待西平侯至尒師既
渡聞西平侯與賊相抗尒循江南岸上
而與西平侯腹背夾攻之尒宜臨時相
機度情處置

永樂四年八月初一日

勅總兵官征夷將軍成國公朱能等可挑選馬軍
一千名委十分能幹頭目管領使其認定黎賊
旗號若黎賊敗走即遣此千騎窮追務在生擒

成功之日重加陞賞故勅

永樂四年八月初一日

勅總兵官有人來言聞黎賊有二萬人渡江駐太原州考安南地圖富良江北無有太原州只有七源州若哨得賊衆果然在彼不可去逐之恐為所牽制難於動移只依前者所論遣游騎於嘉林舉火烟燒放砲眩之大~~江~~軍却富良江上流淺處會西平侯合渡只從此策而行最妙軍行際毋露形迹使人知之若其事体與我料偶有

不合又當隨機應變不可執一爾等宜晝夜協
心謀慮務在萬全故勅
永樂四年八月初六日
勅總兵官征夷將軍師行之際所有機宜條件已
嘗節次諭爾可相機詳審斟酌而行然兵難遙
度爾自勉力以建勳功成萬世良將之佳名豈
不偉歟爾等勉之毋怠毋忽故勅
計事二件
一前者諭爾等焚其廬舍今立郡縣凡一

應室廬不可焚燬平定之後即用居守切
切宜戒戢軍士
一軍行至某處及得賊情詳細一一具録回
封就與差來人回報
永樂四年八月二十七日
勑總兵官征夷将軍近得廣東都司奏欽州守禦
官軍於今年六月内獲到黎賊遣來伺探船隻
恐其知海道無人并力向尒一隅可加意謹防
不可忽畧古城拿象之人舊逃在安南者不要

遣回其為首者送赴京來賞賜撫綏令回安南

領人拿象故勑

永樂四年九月初二日

計事一件

安南金場銀場邊關原是占城之地兩

界相爭已久亦未可信平定之後只以

見得地界為準縱然占城有請亦不可

撥還勑

永樂四年九月初六日

勅
總兵官征夷將軍軍中諸事前勅已具爾等務在用心謹慎隨機處置臨敵之際敵有拒敵者切不可留但歸降者慎勿傷之若有已納款之人心雖猶豫未決而迹未露者當用計制之毋使為害其有年少而罪當死者宜處以宮刑亦可以保全其命他日又得以充使令故勅

永樂四年九月十六日

勅
總兵官今遣神宮監太監苗青来平定安南之後就留在彼鎮守軍士內撥與跟隨凡都司布

政司按察司有合行事務與之計議而行故勅

永樂四年九月二十日

勅右副將軍新城侯張輔右叅將雲陽伯陳旭尚書劉儁今命張輔充總兵官掛征夷將軍印尔等可相度賊情事機進兵於西平侯合務在同心協力以滅黎賊其先後條畫筭策付於成國公者尔等可檢閱細觀隨宜處置亦不可執一今發去制諭一通可將先領去制發回故勅

續一件

説與兵部尚書劉儁尒前與成國公節次
面聽朕所受之言可一一詳細與新城
侯雲陽伯説談使其知之與尒一應籌
策文書務嚴密收貯雖片文隻字不可
失落大小事務皆須謹慎

永樂四年十月二十一日

勑右副將軍總兵官新城侯張輔右叅將雲陽伯
陳旭兵部尚書劉儁可嚴令神機將軍程寬等
銃務要牢固收拾班師之日必須一一點對如

數不可失落一箇如是失落一箇老實面對度
幾無罪故勑
永樂四年十月二十一日
勑總兵官征夷右副將軍新城侯張輔右參將雲
陽伯陳旭兵部尚書劉儁宜同心協謀奮威鼓
勇撲滅黎賊以安邊境切不可一毫怠忽昔
皇考太祖皇帝命總兵官開平王常遇春偏將軍
岐陽王李文忠等率師北征未幾開平王卒於
柳河川偏將軍岐陽王率諸將士攄忠効力掃

蕩殘胡終建大勳著名青史光耀無窮尔等皆
宜立志自強取法制人乘月冬瘴癘肅清之時
殄除兇孽及期班師建萬世之奇功成萬之美
以副朕委任之意故勅
永樂四年十月二十五日

勅
諭總兵官征夷右副將軍新城侯張輔右參將
雲陽伯陳旭神機將軍程寬等游擊將軍毛八
丹等橫江將軍魯麟等鷹揚將軍呂毅等驃騎
將軍朱榮等坐營官及兵部尚書劉儁將士養

之於平日而用之於今日所有挺身破關門將
士及奮勇當先衝堅破陣攄忠盡力報効者須
籍記其姓名待班師之日重加陞賞故諭

永樂四年十一月初四日

勅總兵官征夷右副將軍新城侯張輔右叅將雲
陽伯陳旭兵部尚書劉儁大軍入安南但有助
黎寇來拒敵者殺之若有能棄甲卸戈降者一
人不可妄殺善加撫綏凡一應事務前勅已詳
細可相機斟酌行之故勅

永樂四年十一月初四日
勑總兵官征夷右副將軍新城侯張輔右參將雲
陽伯陳旭進兵之後久不聞報爾等宜夙夜盡
心務在擒滅賊人黎季犛父子撫安其衆以建
大功不可一應怠忽故勑
永樂四年十一月二十六日
勑諭總兵官征夷右副將軍新城侯張輔右參將
雲陽伯陳旭聞爾等頓兵江上與賊相持黎賊
之計正欲持久以待瘴癘之發破之貴在神速

不宜遲緩務於來年二月半前後回軍切不可
過期若軍事未能即完待來冬再舉餘事前勅
已具宜詳觀之故勅
永樂四年十二月十四日
勅
總兵官征夷右副將軍新城侯張輔右參將雲
陽伯陳旭兵部尚書劉儁巡按御史奏柳州武
宣千戶所及水竹屯桂林永福縣三處有賊人
在彼作耗殺擄人口深為民患回軍之際就便
發軍剿除此寇若見安南大捷之後必來向化

然其心叛服不常難以聽信雖不盡殺亦遷徙北邊充軍毋使復為民患切戒飭官軍毋得傷及善良今就録就奏本與尔觀之故勅

永樂四年十二月十七日

勅總兵官征夷右副將軍新城侯張輔右叅將雲陽伯陳旭兵部尚書劉儁平定安南之後就以都指揮僉事呂毅鎮守黄鍾中副之量撥官軍據守要害去處其東西都審其何處要害只守一處其不係要害之處即平其城池富良江北有

要害處可築城據守務在與西平侯豐城侯用
心商議處置停當然後行事故勅
永樂四年十二月二十九日

勅總兵官征夷右副將軍新城侯張輔右參將雲
陽伯陳旭兵部尚書劉儁近得廣都司等衙門
奏桂林府修仁縣地面有賊人將軍前差來報
殺息舍人并馬匹擄去及永副理定古田潯州
桂平等處俱有賊人在彼行刧前因柳州府武
宣等處被刧已勅爾等回軍之日就便勦除今

觀此賊肆無忌憚居民多被其害回軍勦除之
切不可聽其歸降必殄滅之殺戮不盡者亦當
遷發遠處充軍庶不貽患亦須戒約官軍毋得
誤傷善良今就錄奏本與爾觀之故勅

永樂四年十二月二十九日

勅
總兵官征夷右副將軍新城侯張輔右叅將雲
陽伯陳旭兵部尚書劉儁爾等前日不能出奇
運謀奮力渡江破賊今聞爾諸將士先登破寨
已破東都此亦可嘉差来指揮奏彼處所得粮

儲甚多宜愛恤收拾不可狼籍棄擲爾當精熟
計議除給大軍食用外盡數拾運起赴東都與
守禦軍士食用廣西所運之粮即時住罷如已
運在路者就所到堡内頓放如法守備運粮軍
民即便遣還若彼處粮儲已足而使其出運不
已一則虚勞人力二則徒多費耗三則妨悞農
種此事最為切要此事最為切要若雖已得其
地而賊黨未盡平除爾等更當審機度事隨宜
而行朕遥度如此不可執一今天氣向暖軍士

不宜久留宜晝夜用心嚴督諸將火速火速急
忙急忙平定地方勦滅寇賊及早班師恐瘴癘
雨潦不便故勅

續三件

一徵香匠磚匠不問高手低手盡数連家
小先發赴京其餘一應技藝入匠陸續連
家小先發將來

一古時銅柱不知果在何處須尋究掘出
擊碎棄之於道

一東都近江便於轉運可厚築城垣深浚
池濠就内鎮守其西都城池即便平除
其餘凡有小城不係要害之處悉皆平
之人有餘力則除之如力不及姑聽之
俟後平除事畢速班師爲要

永樂五年正月初九日

勅總兵官征夷右副將軍新城侯張輔右參將雲
陽伯陳旭兵部尚書劉儁凡安南官吏來歸降
者即陸續遣之來朝聽朕面諭給與印信俾還

管事如或事勢未可又在隨宜處置不可執一
故勑
永樂五年正月二十二日
勑得奏知尒差都指揮范夹去廣東調船此舉甚
為不當且此時南風已作海道豈可行舟若猝
然遇賊力不能支則反為其所有況滅賊之功
今已就緒若必待海舟之至何日得班師已勑
廣東都司止之尒等須疾早掃除更勿延待誤
事故勑

永樂五年二月初一日

勑

總兵官征夷右副將軍新城侯張輔右參將雲
陽伯陳旭兵部尚書劉儁近得奏已平賊境欲
立衛所鎮守今議得交州前衛昌江丘温各立
衛市橋隘留關各立千户所惟市橋以兩所軍
守之西都既平其餘去處不設衛所只立府州
縣儲粮已勑都督韓觀及都指揮葛森督廣西
各處土官率土兵赴各堡儹運如土兵不敷尒
可摘撥軍士相參轉運尤宜相天時度人力不

可重勞軍士如已足半年粮食即將彼處鎮守
軍士撥布自種并於已附入內收税相兼供給
驛傳緊要去處已勅都督韓觀於軍衛有司及
附近土官衙門摘撥堪中馬疋船隻添撥人夫
相貼走遞所缺官員已勅吏部選土民自行招
諭來降者准與職事廣東船隻仍勅三司收拾
待朝廷文書至日調遣曆日調發去工匠人等
陸續起來赴京其存留守城軍士計三萬六千
九百六十名廣西都司二千五百名廣東四千

七百五十名湖廣六千七百五十名浙江二千
五百名江西一千五百名福建都司及行都司
各一千五百名雲南四千名其餘之数就扵本
處收集土軍相叅守禦官員可選留故勅
永樂五年二月初八日
勅
總兵官征夷右副将軍新城侯張輔右叅将雲
陽伯陳旭兵部尚書劉儁安南境内有懷才抱
德賢能智謀之入及有一善可称用一藝可用
者即廣為詢訪盡数以禮敦請起送赴京以備

擢用故勅

永樂五年二月初八日

勅總兵官征夷右副將軍新城侯張輔右參將雲陽伯陳旭兵部尚書劉儁前者勅尔扵二月中班師今曾日彰來奏賊之殘黨尚未盡殲欲大軍鎮守且言交阯無瘴癘丘温龍州數處此時瘴癘雨潦正作尔等宜詳審㑹議度事相機可班師即班師如未可班師果無瘴癘則擇高亢向陽之地屯營駐兵則百疾不作尤須嚴固守

備防殘孽豚突之患渠魁務在得獲黎賊親戚
餘黨務盡掃除其親戚餘黨有來投降者遣送
赴京朕撫慰之俟十月班師交人為黎賊困害
已久撫治之道必先寬恤故勑
永樂五年二月十五日

勑
總兵官征夷右副將軍新城侯張輔右參將雲
陽伯陳旭兵部尚書劉儁今後差來奏事者務
要選差的當之人備細諳曉事情周知軍前一
應事務及地里山川者庶幾訪問得其情實便

於行事往往差来之人皆不知軍中詳悉惟遞
一奏本來他事並不得知及至問之全不能荅
惟説議支吾而已亦有問數十款而不荅一語
若此等之人豈不失悞事機以情論之實是奸
詭再以情推之但愚蠢無知於事全不經意今
後凡遇遣人務在慎選不可輕忽故勑

永樂五年三月初三日

勑總兵官征夷右副將軍新城侯張輔右叅將雲
陽伯陳旭交阯入陳叅甫枚秀夫蔣資陳金曷

郭放五名此先為黎賊遣来奸細覘伺朝廷今
安南已平但渠魁未獲殺此數人亦無益於事
故遣來尒處如未獲黎賊此人見賫礼部文書
即放令過去若已獲黎賊則散遣還鄉為民故
勑

永樂五年三月十一日

勑
得奏言裴伯着事為將之道在於用人一裴伯
着不能用何以能成事功使朕有南鄙之憂古
人用人之法具在方冊尒宜審觀故勑

永樂五年三月二十日

勅聞尔等與西平侯等聽人言不和未知然否為將
貴和事乃有濟尔若不和安能成事今安南既
已平定俾餘孽偷存喘息宜戮力一心以殄滅
之乃不思朝廷倚託之重懷童豎之私忿互相
爭鬬数聞諸將校軍士皆賈勇奮發欲爭先殺
賊尔等乃委靡不振以沮將士之心昔元氏所
以壞天下事者皆為將不知和故也我
太祖皇帝平定天下神謀睿算授之諸將莫有敢

違其有違命者必加顯戮不赦今爾等若果不相和協必加顯戮的不輕恕勑至爾等可夙夜議謀同心一力掃盡餘孽早休士馬毋得淹延誤事以速罪愆昔閔先生破高麗豕席卷之勢寡筭無謀不能持謹為高麗中之以計悉以婦人金寶誘之為高麗所殺所遺而脫者不滿二百人此為明鑒爾等可不慎之故勑

計一件

坐營頭目及神機等將軍都以此勑與之

看

永樂五年四月初二日

勑總兵官征夷右副将軍新城侯張輔右叅将雲
陽伯陳旭兵部尚書劉儁彼中但有秀才智謀
及懷才抱道之士隨其多寡即以禮敦遣差人
送赴京來以備擢用故勑

永樂五年四月十九日

勑總兵官征夷右副将軍新城侯張輔右叅将雲
陽伯陳旭兵部尚書劉儁得奏知已破賊黨餘

孽盡平向尒等令花英回廣東取粮及船朕計賊未盡擒蟠據海上若花英粮船去入既軟弱只為賊資葬於魚腹所以急遣入止之今賊平定尒等仍須遣入海上巡邏若寇賊果平海上無事粮或不敷可與西平侯計議即差入來奏一面差入催督花英海上趲用如已足用不必海運可即奏来廢好散遣廣東軍民見今撥堡但有瘴癘去處止令土軍在彼守堡土軍蓋練習風土其餘守堡官軍移散於無瘴氣地面或

出或入權蹔屯駐俟瘴癘清時仍令各還原堡
其来降大頭目仍以好屋宇居其家小令其子
姪親人看家遣之来朝尔等與西平侯各有印
信今後軍中處置事務必須齊心恊力和同計
議而行凡具奏及行移文書毋得共一紙僉押
庶省尔等牧童忿争之氣故勑

續一件

勑
西平侯沐晟朕以新城侯張輔與尔皆國家之
親命同征討黎賊新城侯年少能奮勇戰鬬撫

循士卒親當矢石克盡勤勞尒乃不能撫慰之
遂謀事不和昔開平王能奮力勇戰中山王又
善撫慰之所以事皆和同卒能成平定之功今
尒等乃自相毀罵效牧牛童子所為使外國入
聞之徒資其笑耳今後一應大小事務必要和
同謀議若仍效牧童所為定治以國法略不加
恕尒其省之勅

永樂五年四月二十一日

勅總兵官征夷右副將軍新城侯張輔右參將雲

陽伯陳旭兵部尚書劉儁近人來言彼中瘴癘
軍中病者甚多為將之道當撫循士卒同其甘
苦今瘴癘如此尒等乃坐視不顧惟事飲酒忿
爭私氣又不預為奏聞兼往來之人相傳不一
不知尒等用心何為先聞彼有瘴屢勑期以二
月班師以俟再舉尒等乃以餘孽未盡掃除且
言交阯無瘴丘溫龍州數處瘴癘正作有妨歸
路乞留軍在交阯以畢其事朕聞有瘴則促使
班師乃奏無瘴則准令留鎮朕之此心無非欲

為軍士之便今瘴癘大發軍士病且甚一旗有一二十名者有之有二三十名者有之豈可不思處置尔宜急與西平侯沐晟等審思詳慮如有善策逕便行之随即奏来務在两無所妨朕初命尔等滅此海島之小醜多方用心籌度用兵大略丁寧面諭師行之後朕復晝夜思維節次條畫諭尔尔乃視為常談不用一語以致遷延歲月困頓軍士朕縱不知彼中地里人事難以遥制尔等親臨行陳亦未見纖毫神謀奇策

若非諸將士奮勇効力
天
地神明協相豈能成事尒等徒聽利口巧舌之
徒妄言誇眩聞之可聽於事大有損尒等不能
辯其真偽此等之徒事成則要為己功不成則
斂手傍觀今事勢如此誰任其咎尒今急與西
平候及諸老將有謀略者計議一應事務須要
處置停當朕命尒為將軍中利害必預先奏聞
今不見奏聞但入來言瘴癘有無難信果有瘴
無瘴從實具奏庶不負朕委託之意故勑

續一件

屢有人来言交趾土軍土民攄忠効義還修築堡皆歡爭先用力以代我將士之勞尒等却之不用未知有無即回將話來

又續一件

洪武年間曾將捕魚兒海子獲到達達元氏子孫二人發在安南尒可盡地着緊挨尋如得見即差的當人送赴京来如

不可得務要得下落緣由回報

永樂五年五月十二日

勅今安南已平可將節次發去手勅及記事小帖

成國公原帶去小冊一本及條畫事件劉儁檢

點明白俱令見在彼處內官一員差去內官一

員進來故勅

續二件

一除制諭外一應發去手勅記事小帖及

成國公領去小冊子及條畫事件畫數

檢對勘封繳来不許存留一字倘有一
字漏落在彼不便今安南已平至今不
見繳回
一交趾但有醫巫卜筮樂公行院及香匠
鞔皮将諸色工匠技藝人等盡數連家
小起送赴京有身材長大者能使銃者
能修合銃藥者善駕舡諳曉海道者及
諸色捕户連家小送来
永樂五年五月十九日

計事一件
說與總兵官張輔等交趾醫者鄒洞玄并
其徒即皆以禮遣送赴京沿路給與口
粮脚力仍發落伴送人途中用心温存
其來毋違勑
永樂五年五月二十一日
勑總兵官征夷右副將軍新城侯張輔右參將雲
陽伯陳旭尔等與西平侯沐晟等同受朝命討
賊今既安平須凡事會議僉同而行豈可自分

彼此近聞両處各自除官彼此皆不相知使在下之人難以奉承貽笑於蠻夷今勅大理寺卿陳洽仍任吏部左侍郎職掌其事吏部印完勘合差官送去陳洽與同兵部尚書劉儁收掌遇有合除官員尔等務要與劉儁陳洽公同會議授以官職就填寫勘合與之憑照到任管事待來朝日賫執所給勘合稽考其有已授職者補與勘合前者屢勅將彼處有秀才智謀及香匠甎瓦匠諸色技藝樂工陸續起送赴京至今並

無一人来者未知何故可以如前勑處置發来

故勑

續一件

屢嘗諭尒凡安南所有一切書板文字以至俚俗童蒙所習如上大人丘乙已之類片紙隻字及彼處自立牌刻見在即便毀壞勿存今聞軍中所得文字不即令軍人焚毀必檢視然後焚之且軍人多不識字若一一令其如此必致傳遞

遺失者多尔今宜一如前勑號令軍中
但遇彼處所有一應文字即便焚毀毋
得存留

皇帝勑諭總兵官征夷右副將軍新城侯張輔右
叅將雲陽伯陳旭兵部尚書劉儁交趾應有懷
才抱德山林隱逸明經能文博學有才賢良方
正孝悌力田聰明正直廉能幹濟練達力事精
通書筭明習兵法武藝智謀容貌魁偉語言利
便膂力勇敢陰陽術數醫藥方脉誦經僧道及

挺身自拔者尔等用心訪求悉以禮敦遣沿路
官司應付脚力口粮送赴来京以備擢用故諭
永樂五年五月二十一日
皇帝勑諭近得尚書劉儁奏雲南廣東廣西征進
軍士數内間有事故鈌伍其交趾土著軍民之
中多有勇健情願効力者歆選拔收補軍伍分
守地方合准所奏仍給與月粮故諭
永樂五年五月二十一日
皇帝勑諭總兵官征夷右副将軍新城侯張輔從

征將士遠離父母妻子跋涉山川勞勩筋骨勤苦至甚方今夏熱即揀高爽之地以休息之養威蓄力如撥知黎賊父子的在何處則遣偏師往掩捕之近聞將士所俘獲人口尔等悉欲拘之夫將士奮不顧身冒炎暑犯矢石衝鋒度險為國平除寇盜今大功已成諸將士所得人口勅至就賞之以倫使令亦且途中可以代其擔荷之勞尔等奏称交趾地平無瘴即今憑祥丘温雞翎坡壘龍州之地瘴癘難行但俟瘴癘肅

清即便班師故諭

永樂五年五月二十一日

勑令天氣炎暑鷄翎坡壘等處皆有瘴癘爾等不
用心計較又不奏來往往差人至京途間多染
瘴癘成疾一二十人之中止有一二人得達者
然亦困病不支凡有所問皆昏憒不能荅應致
人如此尔等何不仁之甚今後果係緊要事務
不可緩者則差人來如非緊急重事可以緩者
姑俟秋涼途中瘴癘稍清却一一奏來若由廣

東路便無壅奏事者則由廣東而來故勑

永樂五年五月二十九日

皇帝勑諭總兵官征夷右副將軍新城侯張輔右
叅将雲陽伯陳旭及諸大小将校軍士人等安
南黎賊兇暴不仁侵擾廣西雲南之地毒藥害于
衆殺戮無辜越禮逆天僣稱大號隱匿逋逃不
供職貢邊境之民受其殘酷嗷嗷無訴朕為天
下主念恤生靈不得已命将出偏師往討其罪
擣除殘賊撫安良善師行之際親授成筭冀早

殄奸宄即時班師不意總兵者違朕所言各逞
私志以至淹延歲月逗留軍旅天氣炎熱暴露
于外而諸將士忠誠通于
天地感動神明貫于金石照映日月入懷鬪志思
報朕恩奮力於鋒鏑之下爭先於行陣之間奪
鷄翎猛烈之關斬柵華遊仙之隘舁舟間道夜
出洮江涉富良之鯨波破多邦之虎穴數百尺
之危城須臾就拔九百里之連柵瞬息皆空東
西僞都指日而平困枚黃江旋見殲定一夫作

氣而百夫莫當一騎橫衝而萬夫披靡摧堅破鋭斬獲無算而黎賊父子率其餘黨奔竄於日南暇息於旦暮尔等躬率將士窮追二十餘日九渡長江身先士卒直至奇羅海口與賊兵對敵以少擊衆所向無前發一矢以奔群象操數艦以獲群舟遂擒逆賊黎季犛子黎澄黎蒼與其眷屬及僞將相官僚獻俘京師其惡黨悉平居民安堵尚念尔等跋履艱難觸冒炎暑始雖玩愒怠事終能勉勵成功所謂失之東隅而收

之桑榆者也盛名偉烈、何不若人昔宋元之時
安南逆命嘗發兵征之委靡不振師出無功今
舉之如摧枯拉朽若泰山之壓累卵順風之飄
鴻毛也其去宋元諸將遠甚垂光青史萬世不
磨然其地既平方當炎暑宜擇高爽之地以休
息士馬宣夫朕寬厚之意以輯人民俟暑氣清
凉奏凱班師尔等其體朕至意故諭
永樂五年六月十一日
敕總兵官征夷右副將軍新城侯張輔右參將雲

陽伯陳旭前勑尔等田軍之時就行勦捕柳州
等處作耗賊入将班師之日可預先遣人密報
韓都督約定期會令其與尔等合兵勦除之尔
更擇能事都督及都指揮管領三萬人别由一
路俱進務必殄滅盡絶毋遺民患茲事尤在謹
密不可令一人知之尤不可使人知尔班師定
期庶賊無預有所偹故勑

續一件

已勑廣東湖廣貴州三都司調軍限十月

初一日到廣西取齊今勑錦衣衛指揮
程遠率約期分路征勦山賊報爾知之
永樂五年六月十二日

勑總兵官征夷右副將軍新城侯張輔右叅將雲
陽伯陳旭兵部尚書劉儁但有諸匠人及燒磁
器一應人匠與樂工行院閑良頭目盡数起送
来京其閑良頭目若有就留在彼任用者亦遣
之来朝并挨出前後奉使来京偽官太中大夫
黎師凱潘和甫通議大夫范安周謝齋甫范誨

通奉大夫同彥翊少中大夫王子雲王汝相陳
駯潘季祐嘉議大夫陳恭甫黎的大夫劉光庭
行人阮翼王阿槽阮宗堅陳敭吳應辰范師朗
黎憲黎的隨行阮應原譚子亨亦皆差人伴送
來京故勅
永樂五年六月十六日
勅總兵官征夷右副將軍新城侯張輔右參將雲
陽伯陳旭兵部尚書劉儁今將各項事件條列
如左尔等如勅奉行故勅

一尚書劉儁奏請武職勘合已勑兵部編
完一千道差人送去就令劉儁收掌遇
土官土人征進拏賊報効有功者尓等
會同左副將軍沐晟等僉議允當量授
職事依式填寫勘合付與執照及其来
朝之日賫此勘合以憑稽考其日前已
曾授職於事無碍者一体補與勘合底
簿填完日奏繳
一尓等奏欲先於清化府立一衛將原定

留丘溫隘留官軍調去相兼土兵守禦
合准所言其丘溫隘留既用土兵鎮守
合於為事立功等項官員調撥在彼與
同土官相兼管治
一交趾都司城池塌塔合准修理其餘去
處且不築
一先據廣東揭陽縣民林宗蔭等告海陽
縣人鄭子富等逃在安南雲屯鎮萬泰
庄居住已三十餘年又有周皮等鍾狗

奴鍾奴哥在安南結交蠻入其鄭子富
封亞下郎又封察海官累勑廣東挨拿
不獲勑至尔等即扵交趾地面挨提鄭
子富周皮鍾狗奴鍾奴哥四名差人押
解赴京
一黄中在軍前能奮勇効力追補前過已
勑部給與家小全俸可省令知之
永樂五年七月二十一日
勑總兵官征夷右副將軍新城侯張輔右副將雲

陽伯陳旭朕先命尒等凡遇對敵及拒命不服
當殺戮之家有年幼者閹為火者庶可曲全其
生今聞尒等將無罪者一槩閹割失刑甚矣今
後當體朕心不可濫及無辜故勑
永樂五年八月初一日
勑總兵官征夷右副將軍新城侯張輔右參將雲
陽伯陳旭近勑湖廣貴州廣東三都司調軍二
萬期以十月初一日齊到廣西聽征尒可頭目
内選擇能幹者或都督或都指揮貳員先回廣

而率領調到官軍勦捕滒柳等處作耗賊人務
在盡絕餘事一依前勑處置故勑
永樂五年八月十七日
勑
總兵官征夷右副將軍新城侯張輔右參將雲
陽伯陳旭得鎖六趾內官畄青奏演州府東欄
縣及茶清縣強冦放火刼獄殺死縣官人等尔
不即發兵勦捕以杜其源却調軍往清化府鎮
守致死使蛮人作耗耗不已日後傚效延蔓又必出
師討之今若不即便勦捕縱其殺入班師之日

諸將士皆許回惟爾總兵者每人只留一百名
與爾限爾在彼捕勦賊衆看爾何策處置勅至
務要乘機將此等反賊勦戮盡絕毋遺後患故
勅
永樂五年八月二十九日
勅總兵官征夷右副將軍新城侯張輔右參將雲
陽伯陳旭所獲阮大陳日昺皆為反逆之人罪
皆當死爾等既將陳日昺處死獨存阮大不殺
未審有何情由勅至即將阮大等以反逆之罪

罪之故勅

永樂五年九月初七日

勅諭總兵官征夷右副将軍新城侯張輔右叅将
雲陽伯陳旭兵部尚書劉儁及交趾都司布政
司按察司官前者命尔等用心訪求但有懷才
抱德山林隱逸明經能文博學有才賢良方正
孝弟力田聰明正直廉能幹濟練達吏事精通
書筭明習兵法武藝智謀容貌魁偉語言利便
膂力勇敢陰陽術數醫藥方脉誦經僧道及挺

身自拔者以礼起送前來以備擢用至今未見
一人來者夫朝廷用之何間遠近況交趾平定
正欲得人以任庶職不可使有遺才也勅至尔
等更宜十分用心廣為訪求以禮起送來京副
朕拳拳之懷故諭
永樂五年九月二十九日
勅
總兵官征夷右副將軍新城侯張輔右參將雲
陽伯陳旭兵部尚書劉儁及交趾都司布政司
按察司官近黎季犛所保新平范世矜順化鄧

悉及陳日昭陳叔瑶陳季瑛阮景真阮均同彥
翊并太祝全范倜之子号日月若尔等可用心
訪求将此数人作懷才抱德等名目悉以禮起
送來京仍差遣人監護以防其逃竄務在致其
必來也今冬月瘴癘清可及期遣行不可稽緩
又聞有阮嗜投歸占城已勅占城王起送如或
復回交趾可即遣人送來黎季犛等又言西城
都雲龍鄉東都司慈廉阿雷多美社及東潮南
策九真建興等處皆是黠驁之鄉昔嘗出強盜

今其人猶多懷惡尒等尤須密察其動靜用心
關防若有民安居無事亦不可輕擾之故勑
續一件
此勑最宜慎密不可泄機與人知之
永樂五年九月二十九日
勑
總兵官征夷右副將軍新城侯張輔右參將雲
陽伯陳旭兵部尚書劉儁近得廣東都司奏廉
州及永安州二處九月初三日有草寇敵言整
萬餘賊衆攻打交趾今計其月日已及五旬尒

等未有報來況此言出於賊人之口蠱惑良善
似難憑信但賊人造為此言恐别有奸計尒等
須謹慎隄防不可以賊之少而易之可選的當
人探聽實情作急奏來仍委能幹都督或都指
揮率領旗軍一萬五千或二萬或二萬五千乘
機勦捕務在盡絶毋遺民患今將原來奏本就
封與尒觀故勑

永樂五年十月十五日

勑總兵官征夷右副將軍新城侯張輔右叅將雲

陽伯陳旭兵部尚書劉儁等得內官苗青等奏
新安建平諒江等府東潮太原等州及生厥等
江蠻民不服聚衆作耗尒等受朕委任率師討
賊不肯用心盡力以靖一方惟務酖耽酒好色貪
圖貨賄豈為人臣之道勅書到日即便設法勦
捕惡徒必使盡絶班師之日毋得更留孽庶幾
可釋前罪若仍前所為朝廷自有處置呂毅等
所奏撥守旗軍數少不敷恐卒有寇盜難以應
敵尒等不從宜會議存留務在停當使寇盜不

敢生發故勅

永樂五年十月十六日

勅總兵官征夷右副将軍新城侯張輔右叅将雲
陽伯陳旭兵部尚書劉儁所奏裴伯耆陳藻之
事雖處各許出情然亦未委虛實勅至即差的
當人伴送来京途中仔細隄防不許妄虐故勅

永樂五年十一月初二日

勅總兵官征夷右副将軍新城侯張輔右叅将雲
陽伯陳旭兵部尚書劉儁令交阯已平尚有無

籍之徒自作不靖固當掃除以絶孽黨若玉石
不分使良善一體就戮不惟無辜抱怨抑且有
傷天和今後凡遇勦除之際宜戒飭軍士果是
為惡之人則殺之不可一槩誤殺良善凡為惡
之人其家幼小男子免死一等驅入腹裏或為
民或為奴從尒區處無得盡殺臨陣對敵者不
可輕恕故勅

永樂五年十一月初三日

勅尒奏為原設七衛之外再撥官軍五千六百名

開設交州後衛通前撥過官軍三萬二千六百
名措置已定宜准所奏又欲開設鎮夷諒山二
衛及添設十五所該用官軍二萬七千七百有
餘朕命爾為將務在見事洞徹若是二萬二千
七百可留若不可留則一千亦不可留爾等宜
以古之名將為鑒故勑

永樂五年十二月初十日

勑朕向者以軍士久勞于外爾等撫安平定及時
班師以息其戰陣之勞今已正月春氣尚暖向

不聞爾等班師之期不知軍士在彼何如或事有所妨可明白具奏來聞故勑

永樂六年正月初四日

勑總兵官征夷右副將軍新城侯張輔右參將雲陽伯陳旭兵部尚書劉儁交趾入逆必大等十名俱在諒江府陸那縣山洞裏一處居住爾可設法擒拿務在得獲如法枷號差的當頭目人等牢固管押赴京若輕泄事機致使在彼之人傳遞消息驚恐逃竄者論罪不輕故勑

計十名

范必大　阮復古　阮元禮　阮岳飛

阮能　阮表　范多補　阮堯僕

阮踐　陳孚夫

勑

總兵官征夷右副将軍新城侯張輔右叅将雲陽伯陳旭兵部尚書劉儁近得交阯布政司奏坡壘丘温隘留三處乃交趾咽喉其地有瘴官軍難扵服習欲扵附近思明太平田州等處量其土軍設立衛所照依陝西潼關四川瞿唐軍

隸廣西民屬交趾庶幾人習水土又得互相制
馭勅至尔等會集計議斟酌行之務在兩便故
勅

永樂六年三月十三日

勅總兵官征夷右副將軍新城侯張輔右參將雲
陽伯陳旭兵部尚書劉儁等朕以將士久處於
外夙夜思念不忘于心故屢勅尔等及時班師
以解其勤勞今天氣暄熱正值瘴癘發作尔等
不從朕命及時班師今朕不料於此時妄行班

師若此行大小官軍全無百疾而回則尔等可
為全功但瘴癘喪失一軍不得全為功矣其審
思之故勅
永樂六年三月二十二日
皇帝勅諭英國公張輔掛征虜副將軍印充總兵
官清遠侯王友充副總兵統領軍馬前往交阯
征討叛逆賊寇遇有攻戰會合征夷將軍黔國
公沐晟等所領軍馬併力行事大小官軍悉聽
節制如制奉行

永樂七年二月初九日
皇太子諭總兵官英國公張輔副總兵官清遠侯
王友奉
父皇命發宋帖木黃鉉及岷府文武官員旗軍校
尉人等來交阯征進遇戰即令當先賊平之後
就留於彼鎮守故諭
永樂七年二月十八日
皇太子諭總兵官英國公張輔副總兵清遠侯王
友發去岷府文職官員止令隨征辦事班師之

日就留在交阯除用宋帖木作為事官名頭當
先出力餘如前諭故諭
永樂七年二月十八日
皇太子諭總兵官英國公張輔副總兵清遠侯王
友近得雲南都司啓軍務事邊境之民為餘冦
所擾予心良為之不寧已遣人奏達行在今令
兵部原錄来啟本付卿知之故諭
永樂七年三月初二日
勑總兵官征虜副將軍英國公張輔副總兵清遠

侯王友前者黔國公總戎失律挫損軍威遂致
兇徒嘯聚克斥賊寇鄧悉既陰被殛餘孽奔潰
漸已蕩平今聞八百老撾軍粮不息未審供饋
何入且虛言有象五萬欲敵官軍謂將帥皆易
與爾蓋因前失策启蠻夷輕視朝廷欺蔑無良
將帥故為賊遂張設勢爾等可差人緝採嚴加
防備掃清餘寇毋勞再舉故諭

永樂七年五月二十日

敕

總兵官征虜副將軍英國公張輔等交阯餘孽

聞漸已蕩平爾度無他虞即班師回京如彼中
事勢未可即離止令清遠侯王友都督朱榮蔡
福林帖木兒先回北虜故冦有能領馬指揮千
百户度彼不同亦遣其同回故勅
永樂七年十一月初一日
永樂七年十一月十八日欽奉本年九月二
十三日
勅旨不魯謄録
勅總兵官征虜副將軍英國公張輔勅至尓即起

程赴北京往征胡寇敕
永樂七年十一月二十八日
皇太子諭英國公張輔卿昔以智勇之才侍從乃
父克樹崇勳今天下承平正宜安享祿位以息
其勞乃者安南黎賊狂悖干犯天誅不得已命
卿率師征討卿能遵奉
父皇成算奮揚武威瞬息之間殲滅兇渠功成凱
還朝野稱嘆比以遣(遺)孽小醜暇(假)息弄兵復勞卿
提師遠出卿撫綏荒夷恩威並著俾邊境肅清

綏民樂業奇功偉績千古不磨然數年之間跋
履山川衝冒瘴癘勤勞爲甚予旦夕在念未嘗
忘之兹聞
命召還良用慰懌特遣洗馬楊溥以羊十五牽酒
七十瓶賜勞于途至可領也禮部尚書呂震自
北京回言
父皇屬望卿至卿其知之故諭
永樂八年二月十七日
征安南事蹟

永樂四年七月十六日出師十月初九日
至廣西思明府憑祥縣禡牙入境耀武
陳師遂入安南坡壘關賊無兵守初十
日望祭境內山川之神告以黎賊殺君
虐民內侵
上海之罪奉行
天討出榜曉諭國中官民
一探賊境自坡壘關起由隘留關鷄陵關
至芹站山路險峻溝澗深廣林木蒙翳

調鷹揚將軍都指揮僉事呂毅等前哨
拏問叡息但遇賊兵拒險去處就便攻
尅又調都督同知韓觀於坡壘關下營
提督廣西等處官軍土兵人等運粮以
備供給即便修治道路斫通林木務要
平坦橋梁堅完以備往來及領游兵以
杜賊入設伏之計大軍次丘温縣治堡
儲粮當日據呂毅等報哨至隘留關賊
人依山結寨下設坑塹坑内插立竹籤

有賊衆二萬於寨上放銃拒敵遂領官軍敢勇向前攻破賊寨斬首四十級生擒六十五名餘黨迯竄獲到器械俱各燒燬已將生擒名数號令示衆就留兵於立溫堡隘留關鎮守原獲功官軍若干員名

一十月初十日調驃騎將軍都督朱榮等將領馬步官軍前哨雞陵關十一日據朱榮等報哨至本關賊人依山結寨亦

行設置塹坑揷立竹籤有賊衆三萬於
寨上放銃拒敵遂領官軍攻破斬首六
十二級生擒十一名餘黨逃竄已將生
擒名數號令示衆獲到器械俱各燒燬
又前四十里有小關一座賊人望風逃
散原獲功官軍若干員名

一十月十二日大軍次鷄陵關置堡留軍
於本堡及修整雞陵關小關鎮守十四
日次芹站置堡問得賊人於芹站兩傍

路遥俱有伏兵調鷹揚將軍都督僉事
呂毅并都督僉事黄中等哨探得賊入
伏兵俱各逃遁就於前哨於昌江市橋
二處搭造浮橋并於市橋置堡調鷹揚
將軍方政等游擊將軍王恕等直抵富
良江北岸嘉林縣地面大路前哨大軍
自芹站迤西由別路至北江府新福縣
地面大路前哨大軍營頃問得征夷左
副將軍西平侯沐晟等官軍由宣光江

前進已至白鶴縣下營十八日遣驃騎
將軍都督僉事朱榮等賚執合軍信驗
勘合領馬步官軍前去會合二十六日
有西平侯沐晟等亦遣都指揮俞讓前
來兩軍信通就令俞讓領軍囬旋十一
月初一日據朱榮回報領軍至三滞州
立石縣與沐晟等會合先於十月二十
四日經過祖峯寨有賊人拒寨即行攻
破賊人逃竄獲到器械俱各燒燬獲功

官軍若干員名

一十一月初五日據哨粮軍入来報新福縣困吾寨有賊守寨調横海將軍都指揮同知魯麟驃騎將軍劉搭出等領軍前去即時攻破賊人走散原調官軍一千名除次功外獲功官軍若干員名

一先自領兵入境以来所過去處欽遵

聖訓戒毋妄加殺擄欲全詿誤榜諭招来有前三墆州僉判鄧原原及諒江府南策州人

莫遂等来降詢問得黎賊父子恣豹狼
之毒貪狠不已乃恃東西偽都及宣江
洮江沲江富良江以為險固自三江府
沲江南岸傘圓山起由富良江南岸東
下直至寧江又于富良江北岸自海潮
江由希江麻牢江直至盤灘困枚山沿
江樹立木柵多邦隘增築土城城柵相
連延袤九百餘里驅逐北江諒江大原
等府州人民二百餘里固守老幼婦女

亦驅助勢又于富良江南岸沿江下樁國中所有大小船艘盡列於樁內連檣接艦首尾不斷諸海口及諸江口俱下桿木以防攻擊富良江北岸嘉林縣正對江之南岸賊人偽設東都守備亦嚴水軍不時出没又行排列象陣步隊於城柵之內時賊人水陸號衆七百餘萬以拒王師因知其寔我軍常於江北岸戒嚴以待然賊兵畏怯不敢渡江迎敵

乃以書諭黎季犛曰予奉
天子命將兵八十萬來討尒罪尒如能戰則率衆
於嘉林以待不能戰可自赴轅門以聽
處分實欲挑其戰也不報適禮部奉
命差行人朱勸張𤦺賫文諭以禍福及令輸納金
象贖罪遣遊擊將軍王恕差人送至富
良江北岸賊以船接去後一日行人回
報賊首不行出見但令一偽官取文書
前去就留在船住宿次日教偽官以詭

答曰文書比對原發勘合不同及尔

等使臣乃總兵官所差非

上所遣又云兵已入境若兵回即貢不回自有准

倫観其詞語畧無改過悔罪之意又知

賊男黎澄總督賊將金忠烈胡閻等於

水陸阻拒亦以書諭禍福俱各不報并

蛙之見寔欲恃險以為自固以老我師

遂自新福縣移軍於三帶州簡招市江

口屯營與左副將軍等會議造船置銃

以圖進取有賊入刬船不時於江口出
没十一月十四日揀選精鋭命横江将
軍都指揮同知魯麟率扛擡造成刬船
從箇拍市上流十里離岸稍遠頓放期
以今夜扛擡下水襲奪賊船至四更時
分齊擡刬船下水奪取賊船一百隻賊
人除落水渰死外砍殺首級一百餘顆
餘賊知覺驚走下水去訖自後刬船不
敢出没獲功官軍若干員名

一先議必於上流渡江調驃騎將軍都督僉事朱榮于下流十八里嘉林地面先少以馬步官軍布列逐日增數乃置船筏作欲渡之狀以掣其勢并哨市橋直抵困枚等處防賊後襲之計遇警就行敵殺十二月初六日賊果分遣水軍於嘉林登岸布陣就搶舟筏朱榮等遂領馬步官軍殺退獲功官軍若干員名

一先於初六日左副將軍沐晟書報已於

本日奪取宣江洮江二處江面軍次洮
江北岸與多邦城對壘城下沙灘平闊
可攻遂議右叅軍率師前去攻洮江同
造桴橋初九日右副將軍親率大軍前
去攻取留都督高士文於簡拾市江口
守備輜重船隻仍與朱榮聲勢相接有
警首尾救援十一日有賊船過江打銃
奪船高士文等領軍殺退賊衆獲功官
軍若干員名

一十二月初二日兩軍勢合相　得賊入
所立木栅俱在江邊地勢窄狹難以列
軍唯多邦隘沙灘廣闊土城高峻城下
設濠二道濠内密置竹籤濠外又掘陷
馬坑亦置竹木籤揷於坑之上下城上
銃箭木石戈矛等件無一不有守者蟻
聚凡我攻具如雲梯仙人洞之類俱已
齊備然賊入固守宜以計取會議於十
二月早襲而破之先令於衆曰賊所恃

者此城柵耳將士報
國成功在此一舉宜各用
命城必破矣先登者奏
聞不次陞賞將士無不奮勇欲先登者甚衆又分
定所攻去處左副將軍等攻城之東南
右副將軍親率官軍攻城之西南十一
日列軍於沙灘布置已定別調軍相離
欵襲之所一里許作欲攻之勢以出賊
之不意乃出令軍士各執

內府所出夜明先然如先登城即然火及吹銅
角為號至日四鼓初都督僉事黄中等
將領官軍啣枚潛擡攻具過其重濠直
至城下用雲梯先附城有都督指揮蔡
福等當先扒頭梯登城用刀亂砍賊衆
驚呼城下火齊明銅角亦響城下將士
俱已奮勇登城接應者亦登賊入慌亂
僅能發箭鏡數枚悉皆跳城奔竄賊人
又有象隻及步軍甚衆列陣於城內我

軍遂前賊入以象來衝右副將軍右參將親督游擊將軍朱廣等領馬以
內府所出獅象置于馬身又調神機將軍羅文等將神機銃列於馬之兩傍銃箭齊發象見獅形顫畏又為銃箭所傷倒回奔突賊入潰亂遂以馬步并進乘勝長驅鋒鏑雨注砲銃雷轟賊自蹂踐及為官軍殺死者不可勝計內賊將梁民獻蔡伯樂亦行殺死腥風殺氣時天地為昏

直追至傘圓山獲象十二隻軍器無算
一十三日傘圓山起循富良江南崖而下
燬焚木柵追逐敗舟火雲烟燄蔽日燭
天士氣倍增遂摧枯拉朽十四日直擣
賊首偽設東都其戍守賊徒棄甲逃散
乃駐軍於城之東南給榜撫諭吏民欣
悅接踵來歸老弱扶携爭先來見諭以
弔伐之意無小無大咸知感戴
聖恩及先被驅守木柵北江等府州人民男婦日

逐来降者不下萬餘俱各給榜發回安
業懽乘勝征取遂議左右副將軍於東
都整治軍務安集人民左右叅將各領
官軍於十八日起行前去自安決江至
譚舍江搭橋四座探問得賊首閗十二
日已破多邦料我官軍必至城十六日
將僞都所有官舍倉庫燒燬逃竄於海
調驃騎將軍朱榮等前去哨得黎賊所
居僞宮室及城外賊兵住宿廂房尚存

官軍進行燒燬有賊餘黨依天建山等
處及駕船於生厰江潭舍江恃水來犯
我軍調都督黃中等自二十日起至永
樂五年正月初一日即次殺退賊衆斬
首無筭獲功官軍若干員名

一永樂五年兵入芹站以來探知賊將胡
杜於諒江府困枚山寨及於盤灘江等
處聚船水陸拒守宜伺渡富良江之後
分兵征取常遣哨馬及游兵於芹站昌

江市橋直抵嘉林排列哨瞭以防奔突
永樂五年正月初一日調清遠伯王友
總率官軍及左副將軍調都指揮柳琮
等前進軍次芹站探問得注江淺處可
以渡軍初六日早天未明於淺處掩其
不備遂破籌江之柵又有困枚山萬劫
江普賴山俱有賊人拒戰自初七日至
十六日節次殺敗賊衆斬首三萬七千三
百九十級獲到僞團副丁部曲典刑示

衆餘賊逃潰賊將胡杜原於盤灘江等
處所聚船隻甚衆時有南策州土入隊
正陳封等来降就行調遣攻擊將胡杜
殺敗直走悶海口獲到船隻就將諒江
東潮等處一帶人民俱各招撫原獲功
官軍若干員名
一瞭得賊人哨船常於富良江出没上雒
交州下流二十餘里及来降者云賊首
及男黎澄等聚船於黃江等處議留右

副將軍於交州守備安撫人民十二日
左副將軍左參將領馬步將軍官戰船
由富良江之左右水陸並進次于魯江
左副將軍等次於木丸江對岸下營十
四日巳時有賊衆駕船三百餘隻泝流
而上夾洲兩岸來犯我軍兩軍合勢水
陸進戰右參將親都督柳昇等江內以
戰船弓箭陸路用神機銃碗口銃逼賊
於涉洲水淺處船不能動賊衆大敗殺

死爲將阮仁男阮磊阮劣其餘斬首一
萬餘級溺水死者不計其數又生擒僞
將黄世罔彤文傑僞官馮宗實莫鉄竟
鞋阮利并賊徒一百名俱各典刑獲到
賊船一百隻餘船望風逃竄遂以賊馘
築觀於岸獲功官軍若干員名
一自兵到交阯以来有僞縣令陳師讜等
次出降已照榜文官復其舊又有附名
慈廉應平等處民入逃避山林亦皆差

入給榜招撫俱回復業時賊首聚船恃
水據險於悶海口士民日逐上書陳其
過惡動以千計二月初九日右副將軍
自交趾率領馬步官軍戰船由魯江與
右副將軍等將領官軍戰船直至奉化
府膠水縣悶海口西營有隊正陳應等
自賊中來降云黎賊聞官軍至逃往大
安海口止有黎澄等拒戰海口有沙汀
其沙汀西邊賊人築月城及說船隻隄

備又内江内下樁数層每日於樁内出
船并陸路来犯我軍不時遣兵殺退乃
用大将軍銃擊碎賊船甚多賊衆溺死
無筭時有南策州人莫遂等素憤黎賊
暴酷委身效義領士人萬人餘船五百
餘隻願同官軍征勦累将賊人殺退賊
遂走海斬首五十七顆獲功官軍若干
員名

一賊已竄海及膠水地面泥濘非交住兵

之所乃有左副將軍等謀議賊雖逃竄
料所去不遠藏河港覘我動静若回軍
交趾留兵於鹹子關水狹處兩岸立堡
并留戰船守備賊見我軍回彼必仍由
悶海口進以襲我後我以馬步官軍戰
船一齊攻擊致彼以擒事必可成衆議
既同三月初八日遂自膠水回軍至鹹
子關置堡堡成留軍守備大軍抵交阯
二十七日早有左副將軍等報慈廉州

地面有賊衆八十隻見在山内已議左
右叅將領軍前去征捕二十九日夜有
守鹹子閣堡都督僉事柳升来報本日
賊入哨船雞堡甚近下十里有賊船數
多三十日早右副將軍與左副將軍同
進賊人果至大小船隻首尾相聯數里
下絶陸路又以精壯數萬拒戰官軍兩
岸夾攻賊乃以海船横截江中却以戰
船划船兩岸齊進南岸陸路又埋樊子

窠放銃及船內裝載木植登岸埋立水
柵右副將軍親督虎賁士及精銳官軍
乘其柵之未備奮勇直前賊不敢當其
鋒柳升等又率舟師以擊賊船賊衆大
敗生擒僞工部尚書阮希周斬其賊將
僞翊衛將軍胡射羽林衛中郎將陳克
莊驍衛中郎將陳挺嚴衛郎將杜人鑑
權監右侍衛軍阮可智權監勇捷軍陳
中殿左侍衛副來慶掌青龍軍鄭鮮權

監號雷團武劉權押折威團胡存仁權監橫野團杜元哲掌鵰鶚團原愬權監禁衛都杜世勸龍翊軍權軍副裴簡主管諒州寧遠營阮腮管諒州選甲團范烏其餘生擒典刑二千名斬首萬級溺水死者不可勝紀富良江水盡為之赤尸壅數十里獲到戰船海船萬隻餘黨逃散當日追至魯江前所追象已行遁去右参將等亦至乘勝長驅追至黄江

直抵悶海口黎賊父子僅以船数隻脱
身逃竄靈源去訖又獲金舫船三十隻
戰船一千餘隻時有偽吏部尚書范元
覽偽大理寺卿偽千牛衛将陳日昭偽
華額将軍黎威并范木等來降俱各撫
安住坐其賊入原拘交州奉化等處人
民俱各給榜文遣還獲功官軍若干員
名

一賊首遠遁宜乗破竹之勢追剿殄滅遂

振旅回還交阯議留右叅將鎮守及偹禦黄江等處四月二十日右副將軍左叅將率領馬步官軍由清化府倍道兼進都督僉事柳升横海將軍魯麟等并土官知府莫遂等各領戰船由水路窮追二十三日舟師至清化府磊江賊衆尚聚船恃險以拒我軍柳升等隨率官軍殺敗斬首萬餘級其餘望風奔潰獲功官軍若干員名

一二十九日舟師至典吏海門涇鵲淺晴久水涸賊衆棄舟而遁我師總至天油然而雲沛然而雨須臾之間水泛數尺船皆盡過舟師感而相謂曰此豈人力所能實由

聖德格天之所致也陸路軍過九眞州有僞銅副營副陳季琰來降令其脩路五月初三日至演州府茶龍縣地面下營舟師亦會問得乂化路僞太守黄晦卿係賊心

腹為城軍所逼見奔化州令莫遂下頭
目武如卿等齎書由海道時有僞四輔
大尹阮謹上洪州通判朱宗驥升華宣
慰使莫真副使嚴時雨南策州通判黎
原昂太醫院令鄧同玄等來降遂探問
黎賊父子逃於義安府深江藏隱本月
初八日與同左副將軍等由陸路仍調
柳升等率官軍土兵船隻由水路左副
將軍等由義安府土油縣舉厥江西路

左副將軍等由舉厥江東路追趕初九日問得土人説称黎賊父子於深江等處燒毀大船四十餘隻逃往親平府五日之前已過舉厥江當領軍速追調都督黄中先行一程神機將軍程寬等又領軍由海口取路前進大軍十一日於義安府盤石縣下營酉時有柳升差千户王源報説初十日追至南州奇羅海口捕見黎賊軍象隨即起營一百三十

餘里十二日辰時至奇羅海口擄柳升
呈初十日酉時賊軍陸象陣擺列水路
船隻抵拒遂領前船官軍奮勇勦殺大
敗賊衆獲到船三百隻其餘船隻逃竄
海口乘勝追趕十一日巳時有湖廣等
都司永定衛軍人王柴胡生擒賊首偽
大虞國上皇黎季犛季犛被擒之時說
稱漢唐宋元兵雖到安南不曾到義安
地面

天兵追速每年天氣炎熱有雨兵馬難住今年天
氣又無雨這是天敗我都是
上位洪福自古伐國不曾有如此功業真越古矣
我本罪重難饒若
聖恩留性命三畝地足以養身當日又擄黄中呈
十一日子時領軍抵南界保海口山内
有蒙化衛指揮陳欽領交州右衛軍人
李保保等十名擒獲賊男偽推誠守正
翊賛弘化功臣雲屯鎮兼歸化鎮嘉興

等鎮諸軍事領東路天長府路大都督府特進開府儀同三司入内檢校左相國平章軍國事賜金魚袋上柱國開國衛國大王黎澄并百户陳安等擒獲賊將偽内僉聞朝政兼内侍省都知知左班事諒江鎮權僉事軍事諒江路同知總管府事賜金魚袋柱國東山鄉侯胡杜有澄於黄中告説安南入井底蛙不識

天威如此伏望
聖恩寬恕苟全性命小處富貴不打緊大國做百
姓也好十四日據原差招安黄晦卿王
入武如卿阮如隅阮箇僚謝玄武受陳
雷春阮合來告五月十二日至永盎海
口灣船本日亥時於高望山拿獲僞大
虞國王黎蒼僞太子黎芮官軍鄧次又
獲賊男僞大原鎮兼天關鎮驃騎上将
軍梁國王黎澂僞新安鎮驃騎大将軍

新興郡王黎汪賊孫偽郡嗣王黎涵偽
郡亞王黎范幼孫五郎賊姪偽領龍興
府路都統府平陸上侯黎子辭賊姪孫
偽清威亭侯黎伯駿偽石塘鄉侯黎廷
燁偽永祿亭侯黎廷爌賊將偽入內行
遣同知尚書左司事樞密院副使阮堯
光偽鈐衛中郎將領龍捷軍兼領壯勇
營范六材有賊將胡間先已領象前往
新平府地面當調游擊將軍朱廣等前

前去追趕又援得有賊將黃晦卿阮魯
鄧悉等與黃晦卿領軍象拒化州守城
及有占城軍士到彼攻擊會議左副將
軍仍回交州與同右叅將整理事務右
副將軍同左叅將率領官馬步軍於五
月十八日自奇羅海口起程往諭占城
頭目人等及招撫黃晦卿并撫安人民
至本月二十七日到新平府明靈州丹
裔縣明靈海口下營據都督黃中差千

户李惟親報稱哨至順州拿得化州城內逃出軍人問得阮嚕又與黃晦卿自相讎殺阮嚕將軍人象隻投降占城國王頭目軍入掠取新平等處人口牛隻聞知天兵到来畏惧將帶阮嚕并所領軍象星夜回還本國去訖及據差去錦衣衛馴象所象奴杜子中往化州招安黃晦卿等回說本人惧罪將帶家小并所領頭目乘船出海逃躲止招到化州

知州鄧悉等十名并獲象十隻来見及
差辦事官姚僅岳昇賫書亦至化州跟
赶占城頭目有頭目軍象俱已過升州
去訖追趕不及除將鄧悉等撫綏及令
仍守化州於六月初四日起程回至日
南州丹哈海口擾原差招安土人數內
阮如隅等報有黄晦卿下賊入將原招
安武如卿阮箇儫刼殺及守丹哈海口
横海將軍高鵬亦報有土人阮伯安等

告称黄晦卿到於海口遭風打壞船隻
本月初二日被兵捉獲初三日身死斬
首號令了當通獲象四十三隻原於奇
羅海口及追象等項獲功官軍若干員
名
一征討以來
天道助順瘴癘之氣潛消資粮於敵倉廩之儲不
費凡攻戰之際臨陣拒敵者殺之不宥
来降者謹宣

恩命咸遂更生流離者亦已招集各令生業入新
平府州縣欽遵
詔命開設都司布政司按察司總治其人又留官
軍設置衛所鎮撫其地而班師回京
平安事蹟
皇上嗣大歷服之四年交阯僭逆不廷
命新城侯張公以征夷將軍印總諸道師討之明
年俘其偽主以獻復古封疆郡縣其地又明
振旅歸進爵英國公賜勳右柱國又明年簡

定蜴亂復授公征虜將軍印仍率將士討其罪未幾生擒簡定以歸總茲餘孽陳季擴至尚未悛跋扈為害九年春正月

上命公授前任復往征之夏五月師次東關寇聞公至悉衆以石填海口徑三十丈公令將士悉起其石以通舟檝賊退築堡月常江為拒守計公追至其境斬數千人遂奪其堡賊潰走追至演義新平賊焚寨而遁時東關郡賊蜂起公帥師以次削平之明年夏五月又進

至清化黃山四面皆峒約七十八所峒口僅
容一入盜出入聚處其間山下水通月常江
盜數為賊公率師衆環其山盜恃險固持久
立峒口以拒公勅壯士盡坑之降者千餘人
拱手加額曰天兵神人誓不再犯時東北有
昏氣凝結不散公指曰賊在東矣果報賊船
漂往盤灘將田神投海口公兼程追之翌日
賊陣扵海洋公集將校曰適者太白光芒如
晝天文云勇敢者勝天象昭然擒賊之兆也

扵是先操舟順風而趍之他舟相繼進俘斬数千奪舟数百而歸風順浪急軍士渴甚公以篙蘸水而飲乃笑謂將士曰水味淡而甘可取飲之舉皆杯飲信然賴以觧渴及再飲之鹹不可口將士賀公忠誠所致公面北拜曰

皇上洪福有以致之秋九月公率師追捕抵荷花海口俘斬萬餘諸將更請追之公指示曰黑氣亘天颶風將至既而風果大作乃率師囬

至演義立堡築城以撫恤歸附者又明年春率師出海於靈長海洋追及賊船賊望見公皆偃鏢仆楯羅拜舟中乞命称為神人遂俘其偽將阮宗除及衆千餘人首賊遁據化州餘衆喪氣盡棄其舟檝不敢出海拒抗秋七月進兵賊恃荷花海險我師不能渡乃於日麗海口立堡以守之公相視天師惟吉率舟自奇羅海洋逕過荷花海口直抵日麗賊焚堡而遁至茶偈江連進破之賊驚曰天兵飛

來也遂大潰奪其化州城池諜知賊悉衆守
愛子江復追至其境賊伏巨象數十以為前
敵列入焉於後盡力以抗我師公勅將校曰
擒賊在此一舉機不可失因着鞭先進象伏
突起公一箭先射落其象奴在箭中其象鼻
於是群象吽號退走自蹂其衆乘勝擊之斬
獲僮仆塡于山澤賊酋各不相顧散適暹蠻
等處民爭來附告賊首某在某處賊將某處
公分部將校各處捕獲至暹蠻吒蒲斡等栅

山路崎嶇林箐陰翳馬不能進乃徒步履險兼程趨之士卒不能從惟將校百餘相屬與賊遇殺數千入賊首陳季擴暨其妻子皆就擒獲處置事定乃旋師俘馘在前鉦鼓在後觀者羅拜懽呼之聲動地謹用著述庶來者有所考焉

永樂十二年四月　日

一進平安南路布

總兵官征夷右副將軍掛征夷將軍印

奉天靖難推誠宣力武臣特進榮祿大
夫柱國新城侯臣張輔同征夷左副將
軍西平侯沐晟左參將奉天靖難推誠
宣力武臣特進榮祿大夫柱國右軍都
督府都督同知豐城侯臣李彬右參將
奉天靖難推誠宣力武臣特進榮祿大
夫柱國雲陽伯陳旭誠懽誠忭稽首頓
首
上言伏以

聖人一視之仁同體乾坤之覆載
帝王九伐之法尤嚴蠻貊之侵陵救民莫切於除
兇治內不忘於安遠安南逆賊黎季犛
更姓名胡一元及子黎蒼更姓名胡查
者稔惡滔天屢犯
朝廷之邊境欺
君罔上遂移陳氏之宗祧親侵暴鄰邦攻圍
詔使剽據思明之屬邑傷殘寧遠之良民
天地之德廣大遍包魍魎之情譎詐無已僞迎陳

氏之孫子邀遏
天朝之使臣訛
王法之在所必加在
聖世難逃於曲宥視鬼方之惡尤甚比獫狁厥罪
惟鈞然以黎蒼之狡童孤豚乳狗跳梁
待盡於餘年本於季孽之老醜封豕妖
狐薦食懷姦非一日敢妄干於
天紀欲施毒於萬民首惡擾邊憤極神靈之怒發
幾啟釁盡傷造物之仁 臣等夙奉

天威謹遵
神筭將佐感
恩而思奮士卒用
命以争先義勇激揚風雲為之動色精誠貫徹日
月以之增光去年十月初九日臣輔等
自廣西平祥縣禡牙入境耀武陳師軍
威震動於蠻方劍氣光芒於南斗首令
鷹揚將軍呂毅都指揮葛森等攻隘留
柵一鼓而鳥雛廇驚總調驃騎將軍朱

榮指揮李忠等拔雞陵關再鼓而拔潛
鼠竄遂設堡以據要害尋伐箐以開道
塗臣等欽遵
聖訓戒毋妄殺欲全詿誤榜諭招來孰謂豺狼終
無悔改憑東西都之固以為巢穴恃富
良江之險以為湯池樹柵立城連檣接
艦綿亘七百里詭計千萬端先調朱榮
揚兵以拒其吭對壘嘉林親率大軍間
道以涉其虛屯營江口大治戰攻之具以

會雲南之師 臣晟等自憑祥縣而進兵經野蒲蠻而取道砍通林箐涉履崎嶇調都指揮陳濬等奪猛烈關而賊徒驚潰俞讓等攻栅華隘而蠻卒擒夷游仙等閑望風皆靡亦貫珠而築堡仍刊木以造舟遂令都督指揮徐諒孔斌等分領精兵突出先光江口攻殺敵寇尋奪澳沕寺沙 臣彬復相度其上游可計圖而潛取乃親率立功都督程遠指揮朱

顯等中夜舁船啣枚間道以出洮水江
濱乘時擊賊縱火焚舟始奪富良江面
臣晟同都指揮陳濬俞讓徐鑑徐源等
泝流合擊舳艫首尾相聯鏖戰及晡波
濤上下為赤俄即沙灘而布陣賊驚天
上之飛來爰造浮梁以渡戎旅臣旭將
兵夜令尋徑渡以進師士馬雲屯同對
敵而法壘惟多邦城之險隘實三帶江
之襟喉備禦甚嚴攻取宜亟兩軍大集

而犄角之勢成諸將協心而破賊之計
決 臣輔等乃攬桴而申令親督陣以麾
兵調都督黄中等鷹揚將軍朱英等神
機將軍程寬等都指揮蔡福等攻城之
西南四鼓初鳴乃出賊之不意三軍作
氣爭赴敵以趨前攀雲梯以先登奮霜
戈而縱擊鋒鏑飛雨砲銃轟雷賊驅象
陣以來衝我出虎賁而斫潰勍敵遂破
堅壁即黎流血如川積屍成阜 臣晟等

督令都督指揮陳瀛等攻城之東南武
夫健卒咸蟻附而當先堅甲利兵提猿
攀而直上冒矢石以前進發戰具以交
攻遂拔柵而摧城轉鬬益力盖自寅而
至午屠戮方殷我軍勢雖殘夷膽落卷
腥風之慘淡騰殺氣之溟濛 臣輔等復
率清遠伯王友游擊將軍朱廣等 臣彬
仍都督指揮俞讓等即令隊兵分剪餘
燼乃追踪而迅掃遂乘勢以長驅趨傘

圓山而西馳循富良江而直下燬焚連
栅烟焰燭天燒逐販舟火雲騰日旌旗
照耀川原之草木皆紅鼙鼓喧闐滄海
之鯨波盡沸摧枯拉朽直抵東都戍守
賊酋俄棄甲而逃散比居族處咸接踵
以來歸吏民喜舞以相迎老弱扶携而
共覩招降郡邑加撫瘡痍頓蘇尓之西
都乃黎賊妖穴　臣彬領都指揮盧旺等
　臣旭領都督高士文等都指揮徐政等

各率兵騎過水為梁信道日趋賊敵
王師之猝至即時宵遁悉棄巢窟以蕩焚生巖
渡猶聚強梁令指揮程遠等以勦其衆
天健山潛藏魑魅麾指揮方玉等以滅
其蹤惟是黨惡賊徒尚爾憑陵山澤調
清遠伯王友領都指揮柳琮等掩其下
倫夜渡注江之津攻其所先力拔壽江
之柵遂破困枚之寨殺賊為多復潰盤
灘之船來降者衆惟逆賊之兇殘挾黨、

類以狗偷偵知出沒黄江猶復操兵白
及 臣晟 臣彬率都指揮胡通海等 臣旭
等率都督柳升等横海將軍魯麟等都
指揮王諒等師次嚕江口隔水立營賊
犯木丸州即時追勦步騎並進戈矛蹴
地揚塵水路夾攻火器飛星掣電斬馘
流屍於仙似封土築觀於沙汀惟下洪
州賊之人冦攘遣指揮馬能等而襲捕
州蠻獠於姿賴縛偽官於長津賊屢敗

而下悛猶懷姦而屈強投身膠海負固
僻陋 臣輔乃會 臣晟等悉師旅以進攻
督諸校兒追討適本土降人莫遂等素
憤黎賊之暴殘欲解邦民之荼毒遂委
身而効義頋攖敵以當鋒領兵萬餘備
舟數百導艨艟於膠水已讋賊心逼蛇
豕於破汀倍張兵氣兼旬轉戰一夕潰
圍賊乃力盡途殫自計略窮命促惧泰
山之壓卵漂炎海以偷生逝魄何依遊

竟以遠呂嘉悖亂終獻馘於漢庭徵側
逞妖卒見戮於夷島　臣等自征討以來
天道順而瘴癘之氣潛消資粮於敵而
倉廩之儲不費所平府州二十九縣九
十二戶一百八十五萬八千四百所獲
象四十六馬一百五十二牛二萬二千
六百船五千三百五十其所俘獲斬級
軍資器仗另行奏
上其降附人中有脅從同黨者並已服罪輔情革

心向化謹宣
聖旨咸赦宥之其餘軍民人等脫身水火稽首
明廷同霑
雨露之恩大慰
雲霓之望輯寧安堵胥慶更生萬衆之喜氣如春
南極之妖氛頓息 臣等曾無鈇爪之勞
風行草偃坐見凱歌之奏日麗冰消忯
全振古之封疆永樂太平之盛治無任
歡呼慶忭之至謹奉露布以

聞

永樂五年三月十六日總兵官征夷右副將
軍掛征夷將軍印奉天靖難推誠宣力
武臣特進榮祿大夫柱國新城侯臣張
輔同征夷右副將軍西平侯臣沐晟左
叅將奉天靖難推誠宣力武臣特進榮
祿大夫柱國右軍都督府都同知豐城
侯臣李彬右叅將奉天靖難推誠宣力
武臣特進榮祿大夫柱國雲陽伯臣陳

旭謹

上進

一進平安南獻俘露布

總兵官征夷右副將軍掛征夷將軍印

奉天靖難推誠宣力武 臣特進榮祿大

夫柱國新城侯 臣張輔同征夷右副將

軍西平侯 臣沐晟左叅將奉天靖難推

誠宣力武 臣特進榮祿大夫柱國右軍

都督府都督同知豐城侯 臣李彬右叅

將奉天靖難推誠宣力武臣特進榮祿
大夫柱國雲陽伯臣陳旭誠懽誠忭稽
首頓首
上言伏以
天討有罪聿興弔伐之時武功告成爰舉
獻俘之禮渠魁盡獲海嶠肅清蓋剗惡必除其本
根而絕患寧存乎萌孽安南逆賊黎季
犛更姓名胡一元子黎蒼姓名胡𡗉者
僻居炎徼負固海隅竟移陳氏之宗祧

數犯
朝廷之邊境酷刑威衆横歛剥民僭稱大虞竊
紀年號遮遏
天朝之使賊殺故主之孫
聖恩嘗許其自新狂豎怙終而不改罪豈容於原
宥兵必事於掃除　臣等恭奉
制書總率師旅屢破重關之險遂克二都之城郡
邑嚮風市廛安堵遂鯨鯢于海口困虎
兕于柙中水陸窮追神祇助順父子兄

弟皆執縛于轅門宗族偽官咸生擒于
麾下雪前代之遺恨解斯民之倒懸是
皆
聖畧淵深明見萬里之外
天威烜赫坐取三犍之功復上古之封疆布中華
之禮制除將所平都府州縣户口并所
獲象馬牛船軍資器仗別奏條
上臣等將士擒到首賊偽大虞國上皇黎季犛偽
大虞國主黎蒼賊男偽推誠守正翊贊

弘化功　臣雲屯鎮兼歸化鎮嘉興等鎮
諸軍事節度大使洮江管內觀察處置
等使持節雲屯歸化嘉興等鎮諸軍事
領東路天長大都督府特進開府儀同
三司入內檢校左相國平章軍國事賜
金魚袋柱國開國衛國大王黎澄偽太
原鎮廣天關驃騎上將軍梁國王黎澂
偽新安鎮驃騎大將軍新興郡王黎汪
賊孫偽太子黎芮偽郡嗣王黎涵偽郡

亞王黎蒞幼孫五郎賊弟僞臨安鎮兼
大安海鎮驃騎大将軍特進開府儀同
三司入内相國平章事賜金魚袋上柱
國唐林郡王黎季貔賊姪僞望江鎮輔
國大将軍入内判中都府河陽郡亞公
黎原晉僞領龍興路都統府平陸縣上
侯黎子聹賊姪孫僞御輦署一局正掌
卿侯黎叔曄僞清威亭侯黎伯駿僞石
塘鄉侯黎廷燀僞永禄遵侯黎廷爣賊

將偽入内僉聞朝政兼内侍省都知知
左班事諒江鎮權僉行軍事諒江路同
知總管府事賜金魚袋柱國東山鄉侯
胡杜偽入内行遣同知尚書左司事樞
密院事副使阮彥光偽正奉大夫入内
行遣門下左諫議大夫同中書公事兼
三江路太守新安鎮制置使國子學祭
酒賜金魚袋護軍黎景琦偽寧衛將軍
知威衛事管右聖翊軍賜金團符縣伯

段韓偽管神勁營亭伯陽湯夢偽鈞鈐
衛中將領龍捷軍兼領壯營范六材并
其偽印謹差都督僉事柳昇横江將軍
張勝都指揮僉事余讓指揮同知梁昂
指揮僉事申志
獻俘闕下其餘解送擒獲并降附偽官別具奏
聞臣等曾無汗血之勞獲伸敵愾之志皆遵
成筭得効微勤平安南夷克清大憝
獻俘而告